BEI GRIN MACHT SICH IHR WISSEN BEZAHLT

- Wir veröffentlichen Ihre Hausarbeit, Bachelor- und Masterarbeit

- Ihr eigenes eBook und Buch - weltweit in allen wichtigen Shops

- Verdienen Sie an jedem Verkauf

Jetzt bei www.GRIN.com hochladen und kostenlos publizieren

Sebastian Gärtner

Lösungsansätze der katholischen Kirche zur sozialen Frage in der zweiten Hälfte des 19. Jahrhunderts am Beispiel Adolph Kolping´s und Wilhelm Emmanuel von Ketteler

GRIN Verlag

Bibliografische Information der Deutschen Nationalbibliothek:

Die Deutsche Bibliothek verzeichnet diese Publikation in der Deutschen National-
bibliografie; detaillierte bibliografische Daten sind im Internet über http://dnb.d-
nb.de/ abrufbar.

Dieses Werk sowie alle darin enthaltenen einzelnen Beiträge und Abbildungen
sind urheberrechtlich geschützt. Jede Verwertung, die nicht ausdrücklich vom
Urheberrechtsschutz zugelassen ist, bedarf der vorherigen Zustimmung des Verla-
ges. Das gilt insbesondere für Vervielfältigungen, Bearbeitungen, Übersetzungen,
Mikroverfilmungen, Auswertungen durch Datenbanken und für die Einspeicherung
und Verarbeitung in elektronische Systeme. Alle Rechte, auch die des auszugsweisen
Nachdrucks, der fotomechanischen Wiedergabe (einschließlich Mikrokopie) sowie
der Auswertung durch Datenbanken oder ähnliche Einrichtungen, vorbehalten.

Impressum:

Copyright © 2011 GRIN Verlag GmbH
Druck und Bindung: Books on Demand GmbH, Norderstedt Germany
ISBN: 978-3-656-06052-9

Dieses Buch bei GRIN:

http://www.grin.com/de/e-book/182185/loesungsansaetze-der-katholischen-kirche-
zur-sozialen-frage-in-der-zweiten

GRIN - Your knowledge has value

Der GRIN Verlag publiziert seit 1998 wissenschaftliche Arbeiten von Studenten, Hochschullehrern und anderen Akademikern als eBook und gedrucktes Buch. Die Verlagswebsite www.grin.com ist die ideale Plattform zur Veröffentlichung von Hausarbeiten, Abschlussarbeiten, wissenschaftlichen Aufsätzen, Dissertationen und Fachbüchern.

Besuchen Sie uns im Internet:

http://www.grin.com/

http://www.facebook.com/grincom

http://www.twitter.com/grin_com

Technische Universität Dresden

Philosophische Fakultät

Institut für Geschichte

Seminar: Soziale Frage und Sozialpolitik in Deutschland im 19. und 20. Jahrhundert

Lösungsansätze der katholischen Kirche zur sozialen Frage in der zweiten Hälfte des 19. Jahrhunderts am Beispiel Adolph Kolping´s und Wilhelm Emmanuel von Ketteler

Sebastian Gärtner

Lehramt Bachelor Allgemeinb. Schulen

Kunst/Geschichte (5.FS)

Abgabedatum: 30.03.2011

Inhaltsverzeichnis

Einleitung   1

1. Vorbedingungen   3
1.1 Soziale Frage   3
1.2 Vorstellungen der katholischen Kirche zur sozialen Frage im 19. Jahrhundert   4

2. Kolpings Verständnis zur sozialen Frage   6

3. Adolph Kolping und der Katholische Gesellenverein – Die Überwindung vom
theoretischen zum praktischen Handeln   8
3.1 Gründungsgeschichte   8
3.2 Kolpings Handeln im Gesellenverein   10

4. Wilhelm Emmanuel von Ketteler – Sozialpolitische Vorstellungen   16

Schlussbetrachtung   21

Quellen- und Literaturverzeichnis   23

Einleitung

Das ausgehende 18. und beginnende 19. Jahrhundert brachte für den Großteil der europäischen Bevölkerung einen Umbruch in fast allen Lebensbereichen mit sich. Neben den politischen Ereignissen der Französischen Revolution von 1789 bis zur Auflösung der Heiligen Römischen Reiches Deutscher Nation, im Jahr 1806 und der damit verbundenen Gründung des Deutschen Bundes 1815, stand besonders der Übergang von der agrarisch geprägten Ständegesellschaft hin zur Industriegesellschaft im Mittelpunkt. Darüber hinaus brachte der aus den Ideen der Aufklärung entwachsene Liberalismus einen tiefgreifenden gesellschaftlichen wie politischen Wandel mit sich. Der Liberalismus, welcher seiner Zeit noch deutlich gegen die Lehren der Kirche gerichtet war, brachte dem Christentum eine bis Dato unbekannte weltanschauliche Konkurrenz, die später in Form des Sozialismus seines gleichen fand. Besonderer Konfliktpunkt stellte dabei der vom Liberalismus vertretene Individualismus dar, welcher dem umfassenden Anspruch, welchen die katholische Kirche erhob, entgegenstand. Besonders der Liberalismus trug dazu bei, dass die katholische Kirche bis weit in die 1860er Jahre eine ablehnende Haltung gegenüber den sich neu herausgebildeten wirtschaftlichen, sozialen, politischen wie auch gesellschaftlichen Tendenzen beibehalten hatte. Den Höhepunkt dessen stellte dabei die Enzyklika *Quanta cura* von 1864 dar. Im Zuge dieser Entwicklung standen die Kirchen, insbesondere die katholische Kirche, vor einer schwierigen Situation. Infolge der Säkularisierung ihres weltlichen Besitzes beraubt musste eine Neuorientierung erfolgen. Es mussten mit der Errichtung des Deutschen Bundes eine neue rechtliche Grundlage für den Wirkungskreis (die weitgehend bis heute bestehenden territorialen Zuordnungen: Bistumsgrenzen) und eine neue materielle existenzielle Grundlage der Kirche gefunden werden. Trotz dieser vermeintlich äußeren Schwächen erlebte die Kirche infolge der Entwicklung des Vereinswesen aber auch einen innerkirchlichen Aufschwung.[1]

Die langsam von England überschwappende Industrialisierung brachte zugleich eine Unmenge neuer ungeahnter Probleme mit sich, die unter dem Begriff der *sozialen Frage* zusammengefasst wurden und die zu einem der zentralen Themen des 19. Jahrhunderts werden sollte. Bei der Lösung der *sozialen Frage* taten sich vor allem die beiden Kirchen zu Beginn hervor. Auf evangelischer Seite machte zunächst Johann Hinrich Wichern mit seinem 1833 in Hamburg gegründeten *Rauhen Haus* auf sich aufmerksam. Bei den Katholiken ist hier besonders Franz Joseph Ritter von Buß zu nennen

---

[1] Vgl. Hanke, Michael: Geschichte des Kolpingwerkes in Deutschland 1846-1871 (= Mitten in der Bewegung der Zeit, Band 1), Köln 2000, S.20 f.

der in seiner ersten sozialpolitischen Rede, die erste die je in einem deutschen Parlament gehalten wurde, auf die Problematik der *sozialen Frage* aufmerksam machte.

Mit der Lösung der *sozialen Frage* auf katholischer Seite sind unmittelbar die Namen Adolph Kolpings sowie Wilhelm Emmanuel von Ketteler verbunden. Die beiden gelten in der Literatur, beispielsweise bei BUDDE sowie STEGMANN und PETER, bis heute als die herausragendsten, katholischen Persönlichkeiten die im Zusammenhang mit der Lösung der *sozialen Frage* stehen.

Diese Arbeit soll die konkreten Vorstellungen und Bemühungen Kolpings und Ketelers sowie deren besondere Stellung innerhalb der katholisch-sozialen Bewegung im Zuge der *sozialen Frage* herausstellen. Dabei soll untersucht werden, ob die herausragende Stellung, welche die beiden bis heute genießen, ihre Rechtfertigung findet.

Zunächst werden der Begriff der *sozialen Frage* differenziert und die katholischen Lösungsvorschläge zur *sozialen Frage* dargestellt. Hier soll die erste Verortung Kolpings und Ketelers in Bezug zu ihren Zeitgenossen erfolgen. Ausgehend von der These, dass der Ruhm den beide genießen ihnen nicht in Gänze zusteht, soll im Anschluss daran zunächst die Person Kolpings im Mittelpunkt der Untersuchung stehen. Hier ist notwendig, zuerst sein persönliches Verständnis zur *sozialen Frage* zu klären, um im Anschluss sein Wirken im Gesellenverein nachvollziehen zu können. Der zweite Teil der Arbeit ist hier dem Wirken Ketelers mit vergleichenden Aspekten zu Kolping gewidmet.

Um das Wirken der beiden vollends verstehen zu können, ist es unerlässlich, sich mit den Originalschriften Kolpings und Ketelers zu befassen. Für Adolph Kolpings standen hier insbesondere die in sechzehn Bänden erschienenen *Adoplph-Kolping-Schriften* zur Verfügung. Besondere Verwendung fanden dabei die Bände drei und vier, welche u. a von ROSA COPELOVICI herausgegeben wurden. Bei Wilhelm Emmanuel Ketteler beschränkt sich die Quellenlage auf die ersten zwei Bände der zehnbändigen Reihe *Willhelm Emmanuel Freiherr von Ketteler sämtliche Werke und Briefe*, herausgegeben von ERWIN ISERLOH. Die wissenschaftliche Literatur, die sich im Groben mit der katholischen Kirche in Zusammenhang mit Industrialisierung und *sozialen Frage* beschäftigt, stammt zum größten Teil aus den 1960er und 1970er Jahren.. Die Forschungsliteratur die sich intensiv mit der Person Kolpings befasst (KRACHT und LÜTTGEN), entstammt vor allem den 90er Jahren des 20. Jahrhunderts. Für Ketteler stand für diese Arbeit keine solch umfassende Literatur zur Verfügung, weshalb sich vor allem auf die Monografie von ULLRICH SELLIER *Die Arbeiterschutzgesetzgebung im 19. Jahrhundert* gestützt wurde.

1. Vorbedingungen

1.1 Soziale Frage

Eines der wichtigsten, weite Teile Europas umfassenden, politisch-theoretischen wie auch praktischen Probleme sollte der Umgang sowie die Bewältigung der *sozialen Frage* im 19. Jahrhundert darstellen. Als erstes machten sich die Problemfelder bereits im 18. Jahrhundert in der englischen Landbevölkerung bemerkbar. Mit der Technisierung der englischen Landwirtschaft, suchten viele Landbewohner Arbeit in den Städten, wo sie als billige Arbeiter fungierten. Diejenigen die auf dem Land blieben versuchten ihren Unterhalt mit Heimarbeit und den damit verbundenen Verlagswesen zu bestreiten. Doch mit der Erfindung der Spinnmaschine 1764 durch James Hargreaves – in England, dem Ursprungsland der industriellen Revolution – sowie dem mechanischen Webstuhl 1784 von Edmund Cartwright fand dies ein jähes Endes. Die Zahl der zu Unterstützenden sowie die dafür aufzubringenden Mittel stieg stetig an. Diese Verelendung betraf nach WENDT vor allem die *labouring poor*, welche man auch später als Proletariat bezeichnete. Der Vorgang ihrer Verarmung und Verelendung wurde in Großbritannien ab 1815 als Pauperismus/Pauperisieren bezeichnet. WENDT bemerkt in diesem Zusammenhang, dass die deutsche *Pauperismusliteratur* bezüglich des wachsenden Elends des Großteils der arbeitenden Bevölkerung in Großbritannien sowie den Gebieten in Europa, in welchen die Industrialisierung voranschritt, bis zur Mitte des 19. Jahrhundert, zwischen Pauper – den Armen im hergebrachten Sinn – und dem Proletarier – den armen Arbeitenden – unterschied.[2]

Der Begriff der *sozialen Frage* selbst wurde zuerst in Frankreich (*question social*) in den 1820er Jahren gestellt. Damit bezeichnete man die unklaren Not- und Misslagen der Bevölkerung, die im konträren Verhältnis zur damaligen wirtschaftlichen Entwicklung standen. In Deutschland der 1840er Jahre fand in diesem Zusammenhang, der im Plural genutzte Begriff *soziale Fragen* Verwendung.[3] Eine Einheitlichkeit bei der Semantik des Wortes konnte dabei nicht festgeschrieben werden. Die Mehrdeutigkeit des Begriffes bringt KIESERITZKY zum Ausdruck, indem er ihn als Chamäleon bezeichnet, welches unterschiedliche Tönungen annehmen könne. Deutlich wird dies daran, dass zunächst in den 1840er Jahren in Deutschland der Begriff der *sozialen Frage* auf die sozialen Probleme des Vormärzes – z. B. die Verlagerung vom Handwerk zur industriellen Fabrikproduktion und damit verbundener Urbanisierung – verwies, deren Ursachen man in der von der

---

[2] Vgl. Wendt, Wolf Reiner: Geschichte der sozialen Arbeit 1. Die Gesellschaft vor der Sozialen Frage, Stuttgart 2008, S. 103 -117

[3] Ebd. S. 117.

Industrialisierung ausgelösten Proletarisierung sah. Gegen Ende der 1860er Jahren beschrieb Gustav Schmoller diese Prozesse als *moderne soziale Frage*, wobei er die Ursachen differenzierte (z. B. Technisierung im Verkehrswesen, Bevölkerungswachstum usw.). Die Gewichte verschoben sich nunmehr vom „unabänderlich, scheinenden Schicksal des Pöbels [...] zur wirtschaftlichen Krise der Tagelöhner, Hilfsbedürftigen, Fabrikarbeiter und Handwerksgesellen – dem Proletariat. [...]"[4] Die Fabrikproduktion nahm stetig zu und löste zunehmend den in Zünfte organisierten Wirtschaftsbetrieb ab. Die daraus resultierenden neuen Probleme – zum Beispiel geringer Arbeitsschutz, Altersvorsorge usw. – und deren Lösung standen nunmehr im Mittelpunkt der *sozialen Frage*

1.2 Vorstellungen der katholische Kirche zur Lösung der sozialen Frage im 19. Jahrhundert

Nach BRAKELMAN kann in den ersten Jahrzehnten des 19. Jahrhunderts nicht von einer katholischsozialen Bewegung gesprochen werden. RITTER spricht in diesem Zusammenhang vom Janusgesicht[5] der katholischen Soziallehre. Auf der einen Seite trug sie antimodernistische Züge, indem sie auf das alte ständische Gesellschaftsmodell zurückschaute und dabei Industrialisierung wie Kapitalismus ablehnte. Auf der der anderen Seite „wies sie mit ihrem Eintreten für neue Formen der Selbsthilfe [...] oder einem verstärkten politischen Engagement des Staates zum Abbau von Klassengegensätzen, in Richtung des modernen Sozialstaates".[6] Gründe für die anfängliche Rückbesinnung sieht BUDDE zunächst im späteren Einsetzen der Industrialisierung in Deutschland und dem zu Beginn geringen Anteil der katholischen Bevölkerung (gegenüber den protestantischen Teilen Deutschlands) an den industriellen Entwicklungen, da man aufgrund des Traditionalismus' eher an den bäuerlich-handwerklichen Lebensformen festhielt. Zudem bemerkt er, dass die katholischen Gebiete Deutschlands aufgrund ihrer natürlichen Fruchtbarkeit „weniger für die Wirtschaftsförderung zu tun brauchten. [...] Hinzu kamen der Eindruck der Grausamkeiten der Französischen Revolution [...] und die Verbitterung durch die Ungerechtigkeit der Säkularisierung".[7] Somit richtete sich

---

[4] Kieseritzky, Wolther von: Liberalismus und Sozialstaat. Liberale Politik in Deutschland zwischen Machtstaat und Arbeiterbewegung (1878-1893), Köln 2002, S. 53.

[5] Der Begriff des Janusgesichtes (Zwiespältigkeit) leitet sich ab vom atlantischen Gott Janus, dem Schützer des Hauses und Gott des Ein- und Ausgangs. Er besitzt ein Doppelgesicht und schaut sowohl nach Außen, wie nach Innen. Vgl. hierzu Bracher, Karl Dietrich: Das Janusgesicht der modernen Revolutionen, in Heideking, Jürgen (Hrsg.): Wege in die Zeitgeschichte: Festschrift zum 65. Geburtstag von Gerhard Schulz, Berlin 1989, S. 210-227, hier S. 210.

[6] Ritter, Gerhard A.: Soziale Frage und Sozialpolitik in Deutschland seit Beginn des 19. Jahrhunderts, Opladen 1998, S. 17 und vgl. Brakelmann, Günter: Die soziale Frage des 19. Jahrhunderts. Teil II: Die evangelische und katholischsoziale Bewegung, Witten 1962, S. 91.

[7] Budde, Heinz: Christentum und Soziale Bewegung (=Der Christ in der Welt, Band 5)Aschaffenburg 1961, S. 45.

die Kritik des Katholizismus im Vormärz vor allem gegen die Ideen des liberalen Kapitalismus, welchem man die Schuld an den sozialen und religiösen Missständen gab. Um so mehr muss man die Ideen der katholischen Politiker F. J. Ritter von Buß und P. F. Reichensberger hervorheben, die über den religiös-karitativen Grundtenor hinausdachten. In seiner sozialpolitischen Rede vor der II. Kammer des Badischen Landtages am 25. April 1837 forderte von Buß bereits explizit eine staatliche Wirtschafts- und Sozialpolitik und verlangte einen gesetzlichen Arbeiterschutz und Sozialversicherungen. Dabei sieht SELLIER den von ihm ausgesandten, realpolitischen Impuls als ersten Ansatz die negativen Einstellungen der katholischen Kirche gegenüber der modernen Industriegesellschaft zu überwinden. Trotz bekundetem Beifall der Abgeordneten versandete die von Buß ausgelöste, erste parlamentarische Initiative zur Arbeiterschutzgesetzgebung. In gleichem Maße können die theoretischen Überlegungen von *Reichensberger* gesehen werden. Er gehörte zu den wenigen katholischen Autoren, welche die Durchführung wirtschaftsliberaler Ideen nicht vollkommen ablehnten. So forderte er in seinem Buch über die Agrarfrage (1847) u.a. beispielsweise gesetzlich beschränkte Arbeitszeiten und Maßnahmen gegen Kinderarbeit. Da die *soziale Frage* von den meisten seiner Zeitgenossen jedoch als religiös-karitatives Problem angesehen wurde, waren seine Ideen einem ähnlichen Schicksal preisgegeben wie jene von Buß. Dennoch lieferten beide die ideelle Vorarbeit für die Entfaltung der Arbeiterschutzgesetzgebung in der zweiten Hälfte des 19. Jahrhunderts.[8]

Als wohl herausragendste Persönlichkeiten und Wendepunkt im sozialen Katholizismus – sowohl in der heutigen Literatur und der damaligen Rezeption – sind zweifelsohne die Namen Adolph Kolping sowie Wilhelm Emanuel von Ketteler verbunden. Während Ketteler noch im größten Maße theoretische Sozialkritik betrieb, vollzog sich mit der Person Kolpings und der damit verbundenen Errichtung des Katholischen Gesellenvereins (nach BUDDE die größte katholische Organisation mit sozialer Zielsetzung ihrer Zeit) der Wandel zur praktisch sozialen Arbeit. Der Schwerpunkt der Vereinsarbeit lag dabei vor allem bei den Problemfeldern Religion, Familie und Beruf. Mit der Person Kettelers war vor allem die Abkehr des alleinigen Anspruchs der katholischen Kirche im Hinblick auf die *soziale Frage* hin zur Forderung nach staatlichem Eingreifen verbunden. Unterstützung fand dies nachdrücklich bei den *christlich-socialen Vereinen,* die in den 60er Jahren des 19. Jahrhunderts im rheinisch-westfälischen Industriegebiet entstanden, sich infolge des Kulturkampfes jedoch auflösen mussten. Die 1870 gegründete Zentrumspartei beschritt den Weg der aktiven Sozialpolitik mittels staatlicher Gesetzgebung weiter in Form des politischen Katholizismus welcher eng mit den Repräsentanten katholischer Sozialpolitik wie Franz Hinze und Georg von Hertling verbunden war.

---

[8] Vgl. Sellier, Ulrich: Die Arbeiterschutzgesetzgebung im 19. Jahrhundert. Das Ringen zwischen christlich-sozialer Ursprungsidee, politischen Widerständen und kaiserlicher Gesetzgebung, Paderborn 1998, S. 30-33.

Eines ihrer zentralen Anliegen war die grundlegende Reformierung des Arbeiterschutzes, welches der Neffe Kettelers – Graf Galen – 1877 im Reichstag beantragt hatte. Der Weg den Ketteler vorgeschlagen hatte, fand schließlich mit der Papstenzyklika „Rerum novarum" (1891) von Leo XIII, Bestätigung.[9]

2. Kolpings Verständnis zur Sozialen Frage

Um das Wirken Kolpings im Katholischen Gesellenverein nachvollziehen zu können, muss zuvor dessen semantisches Verständnis zur *sozialen Frage* geklärt werden.
Kolping sieht zunächst den Grund des sozialen Elends in „der Trennung der Religion von allen sogenannten [...] irdischen Fragen"[10], die vor allem mit der einsetzenden Säkularisierung sowie den sich ausbreitenden Ideen des Liberalismus und Sozialismus einherging. In diesem Zusammenhang versteht er diese Trennung als Versündigung an der Gesellschaft, da sie der Natur des Menschen, welche von Grund auf religiös sei, widerspräche. Dabei bemerkt er, dass „das soziale Leben [...] der lebendige Ausdruck des Glaubens [sei], [und die] Religion [...] dem menschlichen Leben die [...] rechte Richtung [weise.] Die ganze sittliche Weltordnung ruh[e] auf religiösen Grundpfeilern [...]. Mit ihnen [hinge] alles [...] zusammen, was Menschen auf dieser Welt nur tun und treiben. Soziales Leben, Politik, Volkswirtschaft [...]".[11] Es bleibt demnach kein Zweifel, das für Kolping einzig die Abkehr von der Religion den Grund damaligen Verhältnisse darstellte. Dies bemerkt auch COPELO-VICI, die anfügt das Kolping dabei immer wieder zu derselben These gekommen wäre: die soziale

---

[9] Vgl. ebd., S. 44-46 und Budde, 1961, S. 71-72.

[10] Kolping, Adolph: Gott segne das Ehrbare Handwerk, in: Rheinische Volksblätter für Haus, Familie und Handwerk 7 (1860) S. 795-798, hier S. 796
(http://www.ub.uni-koeln.de/cdm4/document.php?CISOROOT=/__ZTG13&CISOPTR=1309&REC=17, Zugriff am: 09.03.2011).

[11] Kolping, Adolph: Lichtblicke in die Zeit. Zum Neujahr 1863, in: Rheinische Volksblätter für Haus, Familie und Handwerk 10 (1863) S. 1-6, hier S. 5
http://www.ub.uni-koeln.de/cdm4/document.php?CISOROOT=/__ZTG13&CISOPTR=8382&REC=1, Zugriff am: 12.03.2011).
Kolping, Adolph: Katholischer Gesellenverein. Gott segne das Ehrbare Handwerk. Offene Antwort auf eine Privatan frage über den katholischen Gesellenverein. I. Brief, in: Rheinische Volksblätter für Haus, Familie und Handwerk 5 (1858) S. 764-768, hier S. 766
(http://www.ub.uni-koeln.de/cdm4/document.php?CISOROOT=/__ZTG13&CISOPTR=2150&REC=1, Zugriff am: 09.03.2011).
Kolping, Adolph: Deutsche Briefe III, in: Rheinische Volksblätter für Haus, Familie und Handwerk 8 (1861) S. 113-122, hier S. 115
(http://www.ub.uni-koeln.de/cdm4/document.php?CISOROOT=/__ZTG13&CISOPTR=6745&REC=18, Zugriff am: 10.03.2011).

Not sei in der Abkehr vom Christentum begründet. „Die ist aber notwendig die Religion, das von Gott grundgelegte Fundament aller Ordnung auf Erden".[12]
Sie bemerkt darüber hinaus, dass der Begriff der *sozialen Frage* selbst nur selten in den Schriften Kolpings zu finden ist[13] und hierbei nicht mit der engen Begrifflichkeit der Arbeiterfrage zu verstehen sei. Das Verständnis liege hierbei eher – wie oben beschrieben – in einem umfassenden Problemfeld, welches sich im Allgemeinen der Frage nach der jetzigen bzw. zukünftigen Gestaltung des menschlichen Zusammenlebens widmet, denn „[d]er wahre Streit in unseren Tagen ist ein Streit um die tiefste Grundlage der menschlichen Gesellschaft"[14]. Für Kolping kann es folglich nur einen Weg zur Lösung der sozialen Frage geben: Praktiziertes Christentum.

Kolping kritisierte vor allem bei den Lösungsvorschlägen seiner Zeitgenossen, dass die Lösung der Probleme alleinig oder zum größten Teil mit materiellen Mitteln bestritten werden sollte und rief in den *Historisch-Politischen Blättern* von 1851 die Religion zur Distanz von diesen Vorschlägen auf und betonte noch einmal die Pflege der Religion die vor all dem stehen müsse.[15]
Diejenigen, die glaubten, die *soziale Fragen* ohne die Religion lösen zu können, hielt Kolping für Phantasten/Volksverführer. Er glaubte, dass alle materielle Zuwendung ohne ein Praktizieren des Christentums im Sande verlaufen würde.[16] Die Kritik richtete sich im besonderen Maße gegen liberale Vorstellungen, wie sie u. a. Adam Smith vertrat, der in der Errichtung des Staates nicht primär die Verwirklichung gemeinschaftlichen politisch-ethischen Handelns sah, sondern vielmehr die Sicherung/Steigerung des individuellen und damit verbunden materiellen Wohlergehens. Im gleichen Maße forderte Smith, mit Blick auf die wirtschaftliche Ordnung, Enthaltsamkeit im staatlichen Handeln, einhergehend mit der Einführung der Gewerbefreiheit. Über diese liberalen Vorstellungen äußerte sich Kolping besonders abschlägig, denn mit diesen „liberalen Phrasen [habe] man fast gewaltsam die armen Leute aus ihrer natürlichen Stellung herausgetrieben [...]".[17] Dabei gab Kolping

---

[12] Kolping, Adolph: Weihnachten 1859, in: Rheinische Volksblätter für Haus, Familie und Handwerk 6 (1859), S. 818-822, hier S. 819 (http://www.ub.uni-koeln.de/cdm4/document.php?CISOROOT=/_ZTG13&CISOPTR=10050&REC=12, Zugriff am: 09.03.2011).

[13] Eher Verwendung finden „soziales Elend/Leid/Verwirrung".

[14] Ebd., S. 819.

[15] Vgl. Copelovici, Rosa/u. a. (Hrsg.): Soziale Frage und Gesellenverein, Teil I: 1846-1852, (= Adolph-Kolping-Schriften. Kölner Ausgabe, Band 3), Köln 1985, S. VIII-XII und Vgl. Steinke, Paul: Leitbild für die Kirche: Adolph Kolping. Sendung und Zeugnis seines Werkes heute, Paderborn 1992, S. 166-167.

[16] Vgl. Heidenreich, Bernd (Hrsg.): Politische Theorien. Konservatismus, Liberalismus, Sozialismus, Wiesbaden 1999/2000, S. 234 und Kracht, Hans-Joachim: Adolph Kolping. Priester, Pädagoge, Publizist im Dienst christlicher Sozialreform, Freiburg im Breisgau 1993, S. 397-399.

[17] Kolping, Adolph: Die katholischen Gesellenvereine und die Augsburger „Allgemeine Zeitung", 1857, in: Copelovici, Rosa/u. a. (Hrsg.): Adolph-Kolping-Schriften. Kölner Ausgabe, Bd. 4. Soziale Frage und Gesellenverein, Teil II: 1852-1858, Köln 1986, S. 317-324, hier S. 317.

der Einführung der Gewerbefreiheit vor allem die Schuld an der schlechten Lage, in welcher sich das Handwerk befand und der daraus resultierenden Verwahrlosung der Handwerksgesellen.

3. Adolph Kolping und der Katholische Gesellenverein – Die Überwindung vom theoretischen zum praktischen Handeln
3.1 Gründungsgeschichte

Wenn man heute vom Kolpingwerk (der katholische Gesellenverein wurde 1935 in Kolpingwerk umbenannt) spricht, ist damit zweifelsohne die Person Adolph Kolpings verbunden. Oft wird jedoch der Name Johann Gregor Breuers in Bezug auf die Gründung des Vereins in der Literatur vernachlässigt. Betrachtet man so beispielhaft die älteren Monographien von BUDDE (1961), HANKE (1974) und FESTING (1981) lassen sich keinerlei Hinweise auf Breuer finden. Selbst auf der aktuellen Website des Kolpingwerkes sucht man vergebens nach dem Namen Breuers in Bezug auf die Gründungsgeschichte des Vereins.[18]

Erst in den neueren Monographien von STEINKE (1992), KRACHT (1993), LÜTTGEN (1997) sowie in dem neuen mehrbändigen Werk HANKES (2000) – der sich dabei jedoch in großem Maße auf KRACHT und LÜTTGEN bezieht – lassen sich genauere Ereignisse zur Gründung des Gesellenvereins finden.

Im November 1845 übernahm Breuer die Stelle des Schulleiters der Mädchenschule in Elberfeld. Zugleich wurde der neue Kaplan – Adolph Kolping – zum Schulvorsteher erwählt und in dem Vorstand der Schule gewählt. Schon vor den Antritt der Stelle hatte Breuer einen Mädchenchor ins Leben gerufen, welcher nach LÜTTGEN den den Anlass zu Gründung des Elberfelder Gesellenvereins darstellen sollte. Es zeigten sich bei der Fronleichnamsprozession am 11. Juni 1846 einige ehemalige Privatschüler Breuers bereit zur zweiten, jährlich stattfindenden Prozession am Laurentiustag (9. August) in gleicher Weise mit Gesang hervorzutreten, wie der Mädchenverein. Ab Juli des Jahres 1846 trafen sich so regelmäßig 12 bis 15 junge Männer, zumeist Handwerksgesellen deren Zahl bald auf 30 anstieg, zu Gesangsproben. Bald kamen zum Gesang kleine Vorlesungen und gemütliches Beisammensein hinzu. Breuer erkannte alsbald die Gefahr für Religion und Tugend, die der Handwerksberuf mit sich brachte – hier setzt auch Kolping in seiner Schrift *Der Gesellverein* (1849) an, auf welche im Nachgang noch einzugehen ist. Breuer erarbeitet eine *Denkschrift* deren

---

[18] Vgl. http://www.kolping.de/php/evewa2.php?d=1299669861&menu=050501&g2=1 (Zugriff am: 09.03.2011).

Existenz jedoch erst seit 1928 im Gesellenverein bekannt ist und welche fortwährend zum größten Teil als die eigentliche Gründungsurkunde angesehen wird. Dabei ist ersichtlich, dass Breuer vor Kolping auf die Idee kam, einen Verein für die Handwerksgesellen zu schaffen, denn er schreibt: „Ich möchte [...] zunächst einen Gesellenverein eingerichtet sehen [...] der zur Aufgabe hat, einheimischen und fremden Jünglingen und namentliche Handwerksgesellen in einem Alter von 18 bis 25 Jahren und darüber durch Vortrag und passende Lektüre Belehrung, Erbauung, Fortbildung und angenehme Unterhaltung und Erheiterung zu verschaffen".[19] Nachdem Kolping im Juni 1847 zweiter Präses[20] im Gesellenverein wurde und die *Denkschrift* gelesen hatte, bekundete er umgehend seine Zuneigung gegenüber Breuers Ideen. Dennoch muss man das weitere Vorgehen Kolpings im Umgang mit Breuer kritisieren. So schreibt LÜTTGEN, dass Kolping sich als Gründer des Vereins feiern ließ und die historischen Fakten nie klarstellte. Das bewusste Zurückdrängen Breuers solle sich von Anfang an bemerkbar gemacht haben. So berichtet dieser, als Anfang Juli 1847 (ein knappes Jahr nach der Gründung des Vereins) der Kölner Erzbischof in Elberfeld weilte, dass Kolping ihm den Verein vorstellte, aber die Person Breuers nicht. Er selbst bemerkt, dass Kolpings Streben darauf zielte, Breuers Einfluss im Gesellenverein zu schmälern, um sich der uneingeschränkten Herrschaft im Verein zu bedienen. LÜTTGEN stellt weiterhin heraus, dass erst gegen Ende des 19. Jahrhunderts die wahren historischen Fakten – Breuer als Gründer des Gesellenvereins – ergründet wurden. Dabei sollte es noch bis in die 50er Jahre des 20. Jahrhunderts dauern, bis das Kolpingwerk selbst – dessen Name noch aus der Zeit stammte, in welcher Kolping als alleiniger Gründer des Vereins angesehen wurde – diese Tatsache allgemein anerkannte.[21] Aus den angeführten Gründen verwundert es sehr, dass bis zum heutigen Tag in der öffentlichen Darstellung des Kolpingwerkes der korrekte Ablauf der Gründung kaum Erwähnung findet. Auf der Website wird in Gänze die Arbeit Breuers ausklammert. In der wissenschaftlichen Darstellung HANKES *Mitten in der Bewegung der Zeit* (verlegt vom Kolping-Verlag), nennt dieser zwar Breuer als Begründer, spart jedoch die bewusste Verdrängung des Begründers durch Kolping und den damit verbunden Gründerstreit aus.
Vielleicht hat Kolping sein euphorisches Handeln für eine bessere Zukunft der Gesellen blind gemacht für die Person Breuers, ohne die dieser Verein mit seiner herausragenden Bedeutung bis in

---

[19] Lüttgen, Franz: Johann Gregor Breuer und Adolph Kolping. Studien zur Frühgeschichte des katholischen Gesellenvereins, Paderborn 1997, S. 28.

[20] Präses ist der geistliche Vorgesetzte im Verein.

[21] Vgl. ebd., 1997, S. 18-31 sowie S. 143-170. auf welchem der Gründerstreit ausführlich dargestellt ist.

die heutige Zeit[22] vielleicht nie entstanden wäre. Es ist dabei fraglich, ob Kolping allein ohne die Basis, die Breuer legte, den Gesellenverein ins Leben gerufen hätte und somit wie viele seiner Zeitgenossen bei der sozialtheoretischen Kritik geblieben wäre.

3.2 Kolpings Handeln im Gesellenverein

Trotz der Kontroverse um die Gründung des Katholischen Gesellenvereins, welche ein ambivalentes Licht auf Kolpings Wirken wirft, ist sein Bemühen und der damit verbundene pragmatische Ansatz um die Lösung der *sozialen Frage*, nicht zu dementieren. Dennoch muss beim Handeln Kolpings immer seine einseitig, tief-religiös geprägten Haltungen gegenüber dieses Themas beachtet werden.

Ähnlich wie Breuer standen in Kolpings sozialpolitischem Engagement besonders die Handwerksgesellen im Mittelpunkt. Die Gründe dafür mögen nicht zuletzt in Kolpings eigenem biografischen Ansatz zu suchen sein, da er selbst zehn Jahre lang als Schuhmacher in der Kölner Umgebung tätig war und am eigenen Leibe die Not des Milieus spüren musste. Er sah mit eigenen Augen, die Konsequenzen, welche die Einführung der Gewerbefreiheit mit sich brachte. Aufgrund der übergroßen Zahl an Handwerksbetrieben ermangelte es zumeist den Handwerksmeistern selbst, ihre Familie vernünftig zu ernähren. Somit war die Lage der Gesellen noch verheerender.[23] Mit besonderem Nachdruck verweist Kolping auf die Einführung der Gewerbefreiheit als eine Wurzel der bestehenden Notlage, denn „die große Mehrzahl unserer jungen Arbeiter [...] [schwankt] zwischen Gutem und Bösem [...] und, dank der Gewerbefreiheit, mit Weib und Kindern bald in Kummer, Sorge, Entbehrung und Not jeder Art ihr elendes Dasein daherschleppen, fortzeugend den Samen des Jammers, der üppig wuchernd bereits die Niederungen im Volke bedeckt".[24]

STEGMANN UND LANGHORST schreiben, dass Kolping die gefährlichste Krankheit seiner Zeit weniger in den sozialen/wirtschaftlichen Problemen sah, als vielmehr in der Abwendung vom Christentum.[25] Wie bereits herausgestellt ist für Kolping die Entchristlichung eines der Hauptprob-

---

[22] Bereits 1852 wurden 24 Gesellenvereine im Sinne Kolpings gemeldet. Im Jahre 1858 hatte sich der Verein bereits über die deutschen Grenzen hinweg etabliert mit Gründungen in Österreich, der Schweiz und Belgien (vgl. Copelovici/ u. a., 1986, S. VII). Zur weiteren erfolgreichen, weltweiten Etablierung des Gesellenvereine siehe Festing, Heinrich: Adolph Kolping und sein Werk. Ein Überblick über Leben und Wirken des großen Sozialreformers sowie über die Entwicklung seines Werkes heute, 1981, S. 82-231.

[23] Vgl. Hanke, Michael: Sozialer Wandel durch Veränderung des Menschen. Leben, Wirken und Werk des Sozialpädagogen Adolph Kolping, Mülheim 1974, S. 12-16.

[24] Ebd., S. 50.

[25] Vgl. Stegmann, Franz Josef/ Langhorst, Peter: Geschichte der sozialen Ideen im Deutschen Katholizismus, in: Grebing, Helga (Hrsg.):Geschichte der Sozialen Ideen in Deutschland. Sozialismus Katholische Soziallehre Protestantische Sozialethik, Essen 2000, S. 599-855, hier S. 623.

leme im Zusammenhang mit der sozialen Frage. Dennoch muss man hierbei STEGMANN UND LANGHORST im Punkt der Geringschätzung der sozialen Probleme widersprechen, da diese nach Kolping mit zur Abkehr vom Christentum führten. In seiner Schrift *Der Gesellenverein* schildert Kolping ausführlich die miserable Lage der Handwerksgesellen. Neben den schlechten Arbeitsbedingungen: „Seltener jedoch [gerät man] in die staubbedeckten, meist unreinlichen, übelriechenden Werkstätten, worin der Handwerksbursch die meiste Zeit seines Lebens zubringen muß [...]"[26] sieht Kolping das Elend der Gesellen vor allem in der geringen Pflege der Religion (bedingt durch das soziale Umfeld in welchem sie leben), welche er für die Lösung der sozialen Frage (siehe 2. Kolpings Verständnis zur sozialen Frage) als unausweichlich hält. Besonders deutlich wird dabei die Ablehnung der materiellen/finanziellen Zuwendung: „Wenn man [ihnen] nun auch äußerlich helfen könnte, was wäre gewonnen? Wird das äußere Elend nicht immer wieder von neuem aus dem Boden wachsen [...]? Die Handwerksburschen arbeiten zumeist [...] bis tief in den Sonntag hinein, kümmern sich wenig um Gott noch Kirche, [...] [und] sind im Besitz der schlechtesten Bücher, sind mit den gefährlichsten Lehren angesteckt [gemeint sind vermutlich die Ideen der Französischen Revolution, der Aufklärung und des Liberalismus], wirken jetzt schon tatsächlich mit am Umsturz aller Ordnung [gemeint ist der Revolution von 1848] [...]".[27]
Kolping erkannte, dass „in der arbeitenden Klasse [...] eine so unerschöpfliche Quelle moralischer Kraft [...] [liegt, die jedoch von] jene[n] Feinde[n] göttlichen und moralischen Rechts wohl gewußt und sich [diese] deshalb [...] mit allen Künsten der Verführung der arbeitenden Klasse gewendet" [haben]. [...] Was dem jungen Handwerker zunächst fehlt, ist ein kräftig moralischer Halt."[28] Die Einführung der Gewerbefreiheit bedeute das Ende des Zunftwesens, welches das Handwerk seit dem 12. Jahrhundert regelte. Der damit verbundene Konkurrenzzwang, später noch durch die industrielle Produktion verschärft, brachte viele Handwerksbetriebe an dem Rand ihrer Existenz. Der Zerfall der traditionellen Ordnung des Handwerkes bedingte nunmehr das Ende der Zugehörigkeit der Gesellen zum Haushalt des Meisters. Der Geselle stellte mit zunehmenden Maße die bezahlte Arbeitskraft des Meisters dar, um deren persönliche Belange er sich nicht mehr kümmern musste. Üblicherweise folgte der Lehrzeit die Gesellenzeit, welche der beruflichen Weiterbildung dienen sollte und mit der Zeit der Wanderschaft verbunden war. Dabei zogen die Gesellen von Ort zu Ort, um in den verschiedensten Werkstätten zu arbeiten und damit später einmal selbst einen eigenen

---

[26] Kolping, Adolph: Der Gesellenverein. Zur Beherzigung für alle, die es mit dem wahren Volkswohl gut meinen 1849, in: Copelovivi/u.a., 1985, S. 44-68, hier S. 45/46

[27] Ebd., S. 47.

[28] Ebd., S. 51/52.

Betrieb als Meister zu gründen. Da die Zugehörigkeit zum Meister mehr und mehr entfiel, fanden sie in Herbergen und Wirtshäusern eine Stätte, in welcher sie sich nach der Arbeitszeit aufhielten, „denn nicht allein bieten sie die nächste Gelegenheit zur Verschwendung dar, in ihnen werden auch die meisten Sünden geboren"[29], bemerkte Kolping zur Unterbringung der Handwerksgesellen in diesen Etablissements. Ausgehend davon wird ersichtlich, dass sich Kolping vor allem den Handwerksgesellen zuwandte, denen es besonders in ihrer Wanderzeit an religiösen, menschlichen und beruflichen Betreuungsmöglichkeiten fehlte. Angesichts dessen muss in diesem Zusammenhang die Frage gestellt werden, inwieweit Kolping lediglich die Not dieser Schicht lindern wollte. KRACHT bemerkt, dass Liberalismus und Revolution im kolpingschen Sinne immer mit atheistischen Vorstellungen verbunden waren.[30] Zumal erkannte Kolping, dass die Handwerker/-gesellen auch an den Umstürzen 1848 mitgewirkt hatten – also atheistisch handelten – und sich mit dem neuen liberalen Gedankengut angesteckt hatten. Darüber hinaus stellten die Handwerker einen nicht unerheblichen Teil der Bevölkerung[31] dar. Somit lässt sich feststellen, dass, so nobel das Handeln Kolpings gewesen ist, angesichts dieser Tatsache nicht verschwiegen werden kann, dass sich Kolping mitunter bewusst dieser Gruppe zuwandte um sie in seinem Sinne zu beeinflussen. Ausgehend von der Bemerkung KRACHTS, dass Kolping „der festen Überzeugung [war], daß eine sich neue formierende Gesellschaft in Deutschland und Europa ohne die bewährte Sinngebung der Kirche, als Kulturträgerin der Vergangenheit, nicht auskommen könne"[32], konnte Kolping mit dem Gesellenverein bewusst den Einfluss der Kirche in diese neue Gesellschaftsform übertragen und nach FESTING stellte der Gesellenverein in dieser Zeit, als der Liberalismus seine Blüte hatte, ein stabilisierendes Element der katholischen Kirche dar. Dass Kolpings Bemühungen nicht ohne Erfolg blieben, zeigt sich im Besonderen noch einmal in den Schriften Kolpings. 1854 schrieb er in den *Rheinischen Volksblättern*, dass die Unruhen aus dem Jahre 1848 spurlos am Gesellenverein vorübergegangen seien, da deren Mitglieder besseres zu tun hatten.[33] An dieser Stelle muss geschaut werden, was die Mitglieder taten, d. h., die Arbeit Kolpings im Gesellenverein bedarf einer Untersuchung. Am deutlichsten wird dies, wenn man sich die *Briefe über den Katholischen Gesellenverein* von Kolping aus dem

---

[29] Kolping, Adolph: Briefe über den Katholischen Gesellenverein, Nr 6 vom 10.02.1955, in Copelovici/u. a., 1986, S. 178-185, hier S. 185.

[30] Vgl. Kracht, 2003, S. 379 f.

[31] Vgl. Ketteler, Wilhelm Emmanuel: Die Arbeiterfrage und das Christenthum. Anlage 1. Numerisches Verhältnis der Arbeiterschafften zur Gesamtbevölkerung, Mainz 1864, in: Iserloh, Erwin (Hrsg.): Wilhelm Emmanuel Freiherr von Ketteler. Schriften, Aufsätze und Reden 1848-1866 (= Wilhelm Emmanuel Freiherr von Ketteler. Sämtliche Werke und Briefe, Abteilung I, Band 1), Mainz 1977, S. 486-473.

[32] Ebd., S. 380.

[33] Vgl. Festing, 1981, S. 83.

Jahr 1855 anschaut. In seinem vierten Brief vom 27. Januar 1855 beschreibt er noch einmal eingehend, warum man sich gerade der Handwerksgesellen annehme müsse. Dabei stellt man fest, dass sich an Kolpings Überzeugung im Vergleich zu seiner Schrift *Der Gesellenverein* von 1849 nichts geändert hat. Er sieht nach wie vor die Handwerksgesellen – aufgrund ihrer gesellschaftlich bedingten Familienlosigkeit[34] (Wanderzeit) – am stärksten den falschen Lehren (Liberalismus) ausgesetzt. Dazu bemerkt er, dass die Gesellen, die in den Werkstätten den Ton angeben, „durchweg grundverderbtes, liederliches gottloses Volk [darstellen], das alle Kräfte des Geistes angestrengt hat und anstrengt, ihren Unglauben und ihr gottloses Leben philosophisch zu begründen"[35]. Hier wird folgendes ersichtlich: wenn Kolping vorher allgemein von den Handwerksgesellen spricht, er niemals die Gesamtheit meinte, sondern nur „den besseren Gesellen einen gemeinsamen sittlichen Halt im Leben gewähren"[36] wollte, um sie zum Widerstand gegen die Verderbtheit ihres Stande zu geleiten. Unter den besseren Gesellen verstand er diejenigen, die sich vom Inneren her gleichen, heißt den selben sittlich-religiösen Grundgedanken in sich tragen. Des Weiteren führt er fort, dass nur ledige Gesellen in den Verein aufgenommen werden sollten, die mindestens achtzehn Jahre sein mussten. Da Kolping, wie oben beschrieben, dem Familiären eine wichtige Rolle zukommen ließ, ist es um so klarer warum den verheirateten Gesellen die Mitgliedschaft verwehrt wurde: „Wer heirate ist mit sich fertig, gehört in seine Familie, hat eine Heimat"[37].

Schaut man in die Statuten des Katholischen Jünglingsvereins, findet sich unter dem Punkt *Mittel zum Zweck*: Öffentliche Vorträge, Unterricht, Übung sowie das Lesen passender Bücher.[38] Da die Passage, was passend sei und was nicht, sehr allgemein und ohne jede weitere Erläuterung steht, könnte man hier nur über eine bewusst gedankliche Lenkung der Gesellen im Verein spekulieren. Kolpings sechzehnter Brief vom 21. April 1855 fördert dabei alles zu Tage, indem er sich darüber äußert, was im Gesellenverein (nicht) zur Sprache kommen darf. Er schreibt, im Mittelpunkt der

---

[34] Hierbei muss ein kurzer Exkurs zu Kolpings Familienverständnis erfolgen. Für Kolping war die Familie das soziale Gebilde, welches wie kein anderes die Einstellungen und Verhaltensweisen der Menschen prägte. Kolping erlebte dabei den durch die Industrialisierung hervorgebrachten Wendepunkt der Familie mit. Aus der wirtschaftlich starken Großfamilie entwickelte sich (in der Stadt schneller als auf dem Land) die Kleinfamilie. Dieser Wandel der Gesellschaft ist bei ihm oft mit den Worten Liberalismus, Kapitalismus usw. verbunden gewesen. Im Zuge dessen sprach Kolping von der Entfamilisierung der Gesellschaft, dem Loslösen des Arbeits- und Volkslebens von der Familie. Aus der Großfamilie wollte er vor allem die religiösen Grundlagen erhalten wissen. Dabei sollte die Vorbereitung der jungen, ledigen Männer auf die Ehe und Familie eine wichtige Rolle spielen (Vgl., Kracht, 1993, S. 407-409).

[35] Kolping, Adolph: Briefe über den Katholischen Gesellenverein, Nr. 4 vom 27.01.1855, in: Copelovici/u. a., 1986, S. 174-178, hier S. 177.

[36] Ebd., Nr. 6 vom 10. 02.1855, S. 179.

[37] Ebd., S. 181.

[38] Vgl. Kolping, Adolph: Statuten des Katholischen Jünglingsvereins in Elberfeld, in: Copelovici/u.a., 1985, S. 61-66, hier S. 61.

Gespräche dürfe nur das stehen, was den jungen Leuten (aus seiner Sicht) einen Nutzen bringen würde. Der Verein sei „weit entfernt, irgendwie gelehrte Kenntnisse zu verbreiten oder den gesunden Menschenverstand zu schädlichem Grübeln zu verkehren und dadurch zu verderben. [Weiter äußert er seine Abneigung gegenüber neuen Erkenntnissen aus dem Bereich der Naturwissenschaften]; notwendiger sei es, die religiöse und sittliche Grundlage unseres Standes und seiner nächsten Beziehung zum zeitlichen und ewigen Leben wieder [...] aufzubauen"[39]. Auf diesem Wege sollten die Gesellen lernen, welches Gedankengut gut für sie sei und welches ihnen schade. Darüber hinaus äußerte er ein striktes Verbot der Gesellen im Umgang mit Politik und öffentlichen Angelegenheiten, denn diejenigen, die das Volk zur Politik erziehen wollten, würden dieses lediglich zu ihrem Zwecke instrumentalisieren. Da die Politik auch nicht zum Beruf des Handwerkers gehöre, dürften sich diese folglich auch nicht damit beschäftigen. Dies führe lediglich zur Veranlassung von Meinungskämpfen und Streitereien; „die Einigkeit und den Frieden unter den Mitgliedern des Vereins [...] muß unsere angelegentlichste Sorge sein".[40] Dafür sollte den religiösen Inhalten um so mehr Raum geboten werden, damit die Gesellen in diesen positiv gefestigt werden und mit Freude ihren Glauben leben konnten. Aus dem heutigen Verständnis (u. a. von Meinungsfreiheit) kann hier behauptet werden, dass Kolping auf religiös-katholischem Wege das gleiche versuchte, wie diejenigen, die mit ihren weltlichen (nach Kolping gottlosen) Lehren versuchten, die Massen zu beeinflussen, zumal er nur den, nach seiner Überzeugung einzig richtigen Weg zuließ. Dennoch muss hier folgender Sachverhalt positiv bemerkt werden: obwohl die Statuten des Vereins besagten, dass nur katholische, ledige Junggesellen dem Verein betreten durften, waren nach Kolpings eigenen Aussagen auch evangelische Gesellen Mitglieder des Vereins waren. Eine genaue Zahl wurde nicht erwähnt. Darüber hinaus bekundete er, dass das der Religionsunterricht obligatorischer Natur wäre.[41] Also auch wenn die Religion bei ihm an erster Stelle gestanden hat, so zwang er sie doch auch nicht auf. Des Weiteren war ein besonderer Verdienst, welcher oft in der Literatur außer acht gelassen wird, die Errichtung von Krankenkassen, Sparkassen und Hilfskassen für die Gesellen. So waren die Mitglieder verpflichtet der Krankenkasse beizutreten und hatten nach sechsmonatiger Mitgliedschaft Anspruch auf Unterstützung im Falle einer Krankheit. Die Sparkasse sollte die Gründung das Hausstandes und des eigenen Geschäftes erleichtern, wohingegen die Hilfskasse Arbeitslose Gesel-

---

[39] Kolping, Adolph: Briefe über den Katholischen Gesellenverein, Nr. 16 vom 21.04.1855, in: Copelovici/u. a., 1986, S. 193-197, hier S. 194.

[40] Ebd., S. 196.

[41] Ebd., S. 197.

len stützen sollte.[42] Auch wenn Kolping wie bereits herausgestellt, materielle Hilfe gering schätzte, so ist sie hier in einem anderen Zusammenhang zu sehen, da dieser finanziellen Unterstützung die religiös-sittliche Erneuerung vorausgegangen war. Somit kann man behaupten, dass Kolping zumindest für die Handwerksgesellen ein flächenübergreifendes soziales Netz, welches diese absicherte, errichtete. Aufgrund dieser Tatsache wird ersichtlich, das es Kolping möglich war auch ohne staatliches eingreifen eine soziale Absicherung zu schaffen.

Bewertet man Kolpings Schaffen lässt sich der eingeleitete Wandel von der theoretischen Auseinandersetzung mit der *sozialen Frage* und den kleinen unorganisierten karitativen Einrichtungen der katholische Kirche hin zur praktischen und umfassend organisierten sozialen Arbeit feststellen. Aufgrund der Vielzahl der neugegründeten Gesellenvereine in ganz Deutschland konnte im Sinne Kolpings in den Grenzen des Deutschen Bundes und darüber hinaus agiert werden. Er schaffte es aus dem kleinen, örtlich-angelegten Verein Breuers ein Netzwerk an Vereinen auszubauen, die bis zum heutigen Tag weltweit in den Bereichen Familie, Beruf und Religion wirken. Trotz des wohlverdienten Erfolges muss man kritisch bemerken, dass sich das anfänglich beschriebene Janusgesicht von RITTER auch im Beispiel des Gesellenvereins widerspiegelt. Auf der einen Seite stellte die nun auf dem Feld des Sozialen geleistete, praktische soziale Arbeit eine Neuerung innerhalb der katholischen Kirche dar, welche sich über den lokalbegrenzten Raum ausdehnte. Auf der anderen Seite ist die anfängliche Arbeit des Gesellenvereins jedoch auch als Konstrukt zu verstehen, welches versuchte, sich gegen die Neuerungen der Zeit zu wenden. Gerade in der Forderung der Verchristlichung, die konträr zu den aufstrebenden Ideen der Aufklärung, des Liberalismus usw. stand, sollte dieser doch rückwärts gewandte Prozess mit Hilfe der Neuorganisation des Handwerkes (nach COPELOVICI der damals größte Stand) bestritten werden und vom Gesellenverein in die anderen gesellschaftlichen Schichten ausstrahlen.

---

[42] Vgl. Kracht, 1993, S. 198-201.

4. Wilhelm Emanuel von Ketteler – Sozialpolitische Vorstellungen

Neben dem außerordentlichen Wirken Kolpings im Zuge der *sozialen Frage*, sollen nun die sozialpolitischen Bemühungen Wilhelm Emanuel Kettelers zu dieser im Mittelpunkt stehen.

Während Kolping bis zum Tode die moralisch-religiöse Seite als Lösung zur *sozialen Frage* vertrat, ergibt sich im Denken Kettelers ein weitaus differenzierteres Bild, wobei sich mehrere Stufen feststellen lassen.

Die erste Phase markierte dabei die besondere Betonung des sozial-karitativen Engagements der Kirche und vertrat dabei den selbigen Standpunkt, den auch die Katholikentage bis 1862 trugen. Dabei erklärte Ketteler, dass die endgültige Lösung der *sozialen Frage* der katholischen Kirche vorbehalten wäre. SELLIER bemerkt hierbei, dass es der große Verdienst der Katholikentage gewesen sei, welcher auf die *soziale Frage* aufmerksam gemacht habe.[43] Es muss hier kritisch angemerkt werden, dass bereits Ende der 30er Jahre des 19 Jahrhunderts von Buß und Ende der 40er Jahre Reichensberger auf die *soziale Frage* aufmerksam gemacht haben.[44] Da die Vorstellungen und Forderungen zur Lösung über den karitativen Gedanken[45] hinausgingen und staatliches Eingreifen verlangte, fanden beider Ideen zum damaligen Zeitpunkt keinerlei besondere Beachtung druch ihre Zeitgenossen.

Im Gegenzug fielen die Vorstellungen Kettelers auf fruchtbareren Boden , was nicht zuletzt der Tatsache geschuldet war, dass sie dem karitativen Grundtenor der Zeit entsprachen. Seinen Standpunkt stellte er in seinen sechs berühmten Adventspredigen von 1848 eindeutig dar. So sieht Ketteler im gleichen Maße wie Kolping die sozialen Notstände seiner Zeit in der Abkehr vom Christentum begründet: „Der Abfall vom Christenthume ist der Grund unseres Verderbens, ohne diese Erkenntnis gibt es keine Rettung".[46] Dabei muss bemerkt werden, dass Ketteler selbst in seiner Diözese Mainz versuchte, mittels karitativer Einrichtungen die soziale Not zu lindern.[47] Ein Gesichtspunkt, welcher oft in der Literatur kaum Beachtung findet und man zum größten Teil nur sein sozial-theoretisches Wirken im Blickfeld hat. Beipielhaft können hierfür STEGMANN und LANGHORSt sowie BUDDE genannt werden. Begründet ist dies natürlich zurecht in seinem umfangreichen theoretischen Ausei-

---

[43] Vgl. Sellier, 1998, S. 35.

[44] Siehe Kapitel 1.2 Katholische Vorstellungen zur Lösung der sozialen Frage im 19. Jahrhundert.

[45] Sellier begründet dies, das sich insbesondere in der Anfangsphase der Industrialisierung in Deutschland die karitativen, fürsorglichen Kräfte der Kirche (z. B. Kranken-, Invaliden-, und Altenpflege) gefordert waren, da die Gesellschaft und der Staat nicht auf diese Umbrüche vorbereitet war. Vgl., Sellier, 1998, S. 37.

[46] Ketteler, Wilhelm Emanuel: Die Großen sozialen Fragen der Gegenwart. Sechs Predigten Gehalten im Hohen Dom zu Mainz. Zweite Predigt vom 02. Dezember 1848. in: Iserloh, Erwin, 1977, S. 34-47, hier S. 40.

[47] So gründete er unter anderem 1851 die „Genossenschaft der Schwestern von der göttlichen Vorsehung für Schule und Krankenpflege.

nandersetzungen mit dem Problemen seiner Zeit. Ein weiteres Nennungsmerkmal dieser ersten Phase lässt sich mit dem Kampf Ketteler gegen die Ideen des Liberalismus betiteln und stellt somit eine weitere Parallele zu den Auffassungen Kolpings dar. Dabei steht im selben Maße das Thema der Gewerbefreiheit im Vordergrund, „denn damit haben wir den einen Grund der Lage des Arbeitsstandes in den modernen Staaten ausgesprochen [...]"[48]. Durch diese sei der Arbeiter dem kapitalistischen/liberalen System schutzlos ausgeliefert. Ketteler verweist darauf, dass der Zunftzwang seine Legitimation hatte. Dennoch muss hier bemerkt werden, dass Ketteler nicht in absoluter Weise sich gegen die Gewerbefreiheit aussprach, wie Kolping es tat. So heißt es weiter: die Gewerbefreiheit „hat ihr Maß der Berechtigung, aber auch ihr berechtigtes Maß der Beschränkung".[49] Darüber hinaus sieht Ketteler nicht nur alleinig die Aufhebung des Zunftzwangs für die Lage der Arbeiter verantwortlich. Einen weiteren Punkt stelle dabei die Übermacht das Kapitals dar, denn durch dieses würde die Zahl der selbstständigen Arbeiter verringert und im Gegenzug die Zahl derer vom Unternehmer (und somit von Kapital) abhängigen Lohnarbeiter erhöht.

Besondere Kritik erfuhr dabei das Zurückdrängen der menschlichen Arbeitskraft mittels maschineller Produktion, mit der der Mensch nicht mithalten könne: „Er [der Arbeiter] [...] steht einer Maschine gegenüber, die ohne Hunger und Schlaf, rastlos, nicht mit bloßer Menschenkraft, sondern mit vieler Pferdekraft Tag und Nacht fortarbeitet".[50]

Gleichsam lässt sich aber in der Schrift *Die Arbeiterfrage und das Christentum* ein Umdenken Kettelers feststellen. Dabei ließ er erkennen, dass der gesellschaftlichen Not mit kirchlicher Karitas sowie Gesinnungsänderung nicht alleinig begegnet werden könne. Vermutlich durch den Auftritt Ferdinand Lassalles[51] in Mainz im Jahre 1863 beeindruckt, forderte er u. a. die Förderung von *Produktiv-Assoziationen*[52]. Dabei rückte er eindeutig von den Positionen seiner Zeitgenossen, wie z. B. Adolph Kolping, ab, indem er das Alleinstellungsmerkmal der katholische Kirche zur Lösung der *so-*

---

[48] Ketteler, Wilhelm Emanuel: Die Zwei Gründe für die miserable Lage der Arbeiterschaft, aus: Die Arbeiterfrage und das Christentum, Mainz 1864, in: Grenner, Karl Heinz (Hrsg.): Katholizismus und wirtschaftlicher Liberalismus in Deutschland im 19. und 20. Jahrhundert (= Quellentexte zur Geschichte des Katholizismus, Band 12), Paderborn 1998., S. 33-36, hier S. 34.

[49] Ebd., S. 35.

[50] Ebd., S. 36.

[51] Ferdinand Lasalle (1825-1864) gehörte zu den Vertretern der linken, sozialistischen Kräfte. Seine Auffassung orientierte sich zumeist an denen von Marx und Rodbertus. Weiterhin gründete er 1863 den „Allgemeinen Deutschen Arbeiter-Verein" in Leipzig und stand oft in Kontroverse mit dem liberalenAbgeordneten Franz-Hermann Schulze-Delitzsch aus dem preußischen Abgeordneten Haus. Vgl. Euchner, Walter: Ideengeschichte des Sozialismus in Deutschland. Teil I, in Grebing, 2000, S. 128-326.

[52] Unter Produktiv-Assoziationen verstand man genossenschaftliche Einrichtungen. Die sich dabei zusammengeschlossenen Arbeiter, Handwerker usw. produzierten gemeinsam, tätigten den Ein- und Verkauf zusammen und waren im gleichem Maße Inhaber und somit jeder zum selben Teil am Unternehmensgewinn beteiligt. Vgl. Kracht, S. 395.

zialen Frage relativierte.[53] So nahm Ketteler in einem persönlichen Brief vom 16. Januar 1864 Kontakt mit Lasalle auf.[54] In diesem verwarf er zunächst die liberalen Vorstellungen von Schulze-Delitzsch, da er in der gemeinsamen Kritik am Liberalismus Schnittmengen sah, welche die Kluft zwischen der Kirche und politisch-radikalen Kräften (den linken Kräften) schließen sollte. Ketteler sah dabei die *Produktiv-Assoziationen* als das Mittel an, die materielle Lage der Arbeiter aufzubessern. Damit steht er im genauen Gegensatz zu der Auffassung Kolpings, der alleinig die materiellen Mittel zur Linderung der Not ablehnte. Besonders bemerkenswert ist dabei, dass Ketteler für einen Versuch zur Gründung solcher Assoziationen in seiner Diözese 50000 Gulden zur Disposition stellen wollte. Dadurch sollten fünf Assoziationen für die Zigarrenfabrikanten, Handarbeiterinnen, eigentliche Tagelöhner und zwei für die meistverbreitesten Fabrikgeschäfte, wie BUDDE erwähnt, gegründet werden. Leider verfasste er diesen Brief anonym so dass Lassalle ihn nur abschlägig in der Sache antwortete. Dennoch muss man hier Kettelers Mut herausstellen, der trotz der Tatsache, dass er zu dieser Zeit mit seinen Vorstellungen in kirchlichen Kreisen noch größtenteils allein stand, mit den Sozialisten, insbesondere Lasalle, einen Konsens zu suchen begann.[55] Somit kann man zwar kritisch bemerken, dass er aus seiner Überzeugung heraus alleinig den Versuch hätte wagen sollen, dieses Projekt umzusetzen, jedoch wäre es wohl ohne zureichende Unterstützung einem ähnlichen Schicksal wie z. B. den Ideen von Buß preisgegeben gewesen. Denn anders als Kolping, der aus sittlich-religiöser Überzeugung heraus handelte, basierte Kettelers Vorschlag auf einem materiellen Fundament und wäre wohl auf wenig Resonanz seitens der katholischen Kirche gestoßen.

In seiner *Ansprache anlässlich der Festfeier das Mainzer Gesellenvereins vom 19. November 1865 über die soziale Frage* rückte er endgültig von der Abneigung gegen staatliches Handeln ab. Er erkannte: „Religion und Sittlichkeit allein reichen nicht aus, um die Arbeiterfrage zu lösen. Gewiss der Staat muß mithelfen, die Kirche muß helfen [...]. Wenn der Staat sich verpflichtet hält, große und wichtige Unternehmungen durch Staatshilfe zu unterstützen und zu befördern, dann darf er sich auch der Unterstützung des Arbeiterstandes nicht entziehen".[56] Mit dieser Forderung schaffte Ketteler es einen neuen Weg – wenn man hier noch einmal an die Bemerkung RITTERS zum Janusgesicht

---

[53] Vgl. Ketteler, Wilhelm Emanuel: Die Wahren und Praktischen Mittel dem Arbeiterstande zu helfen, aus Die Arbeiterfrage und das Christentum, Mainz 1864, in: Iserloh, 1977, S. 426-455, und Vgl. Sellier, 1998, S. 39-40.

[54] Hier kommt mitunter die parlamentarische Erfahrung Kettelers aus dem Jahr 1848 zum tragen in welchem er zum Frankfurter Parlament entsandt wurde und sich dort, zwar erfolglos, versuchte den linken Kräften anzuschließen. Vgl. hierzu Meinhold, Peter: Wichern und Ketteler. Evangelische und katholische Prinzipien kirchlichen Sozialhandelns, Wiesbaden 1978, S. 26-30.

[55] Vgl. Budde, 1961, S. 63-65.

[56] Ketteler: Ansprache anlässlich der Festfeier des Mainzer Gesellenvereins vom 19. November 1865 über die soziale Frage, in: Iserloh, 1977, S. 685-688, hier S. 687-688.

der katholischen Kirche im Bezug auf die *soziale Frage* verweist – innerhalb der katholisch-sozialen Bewegung einzuschlagen. SELLIER bemerkt hierzu, dass es nunmehr zur Anerkennung der neuen, modernen kapitalistischen Wirtschafts- und Gesellschaftsordnung innerhalb der katholischen Kirche kam und man weniger über deren Beseitigung diskutierte, als vielmehr im Kettlerschen Sinne nach Maßnahmen zur staatlichen Arbeiterschutzgesetzgebung suchte.[57]

Zu seiner wohl letzten großen Rede zum Themenfeld der *sozialen Frage*, zählt jene auf der Liebfrauenheide bei Offenbach. Hier forderte Ketteler nunmehr den Zusammenschluss der Arbeiter und knüpfte dabei an den Gedanken der *Produktiv-Assoziationen* an, deren Vorbild er nun vielmehr in den englischen *Trade Unions*[58] sah. Diese sollten die Eigenverantwortlichkeit der Arbeiter vor staatlichen Handeln stellen und sollte somit die Degradierung des Arbeiters zum Almosenempfänger des Staates verhindern. Dabei forderte er vor allem sechs Arbeitsschutzmaßnahmen, die mitunter mithilfe staatlich-gesetzlicher Maßnahmen durchgesetzt werden sollen:

Zunächst bestand er auf die Erhöhung des Arbeitslohnes und die Senkung der Arbeitszeit, denn „die Grundsätze der modernen Volkswirtschaft [...] haben es dahin gebracht, daß, wo immer das Capital in ihren Diensten stand, nicht nur der Lohn bis zur äußersten Grenze herabgeboten, sondern auch die Arbeitszeit gleichzeitig bis zur äußersten Grenze ausgedehnt wurde".[59] Als weitere Forderung wurde die Gewährung von Ruhetagen sowie im Nachgang das Verbot der Kinderarbeit erhoben, wobei die Arbeiter selbst kritisiert wurden, die ihre Kinder des bloßen Geldgewinns wegen in die Fabriken schickten. Er unterschied dabei noch einmal zwischen der ursprünglichen Arbeit der Kinder im Haus bzw. auf dem Feld und der Fabrikarbeit. Durch letztere würde der Familiengeist zerstört und dem Kind „die größte Zeit zum heiteren Kinderspiel, welches naturnothwendig zum Kindesalter gehört, geraubt. [...] Ich halte die Fabrikarbeit der Kinder für eine entsetzliche Grausamkeit unserer Zeit .[...] Ich halte ihn für einen langsamen grausamen Mord an Leib und Seele des Kindes".[60] Hier wird ersichtlich, dass Ketteler ähnlich wie Kolping dem familiären Gefüge in der

---

[57] Vgl. Sellier, 1998, S. 41-42.

[58] Im Zuge der Aufhebung des Gesetztes gegen die Koalitionsfreiheit der Arbeiterschaft 1824/25 in England, schlossen sich die Arbeiter zu den sogenannten *Trade Unions* zusammen. Diese beschränkten sich anders als die sozialistisch-marxistisch orientierten Gewerkschaften in Deutschland nur auf die Vertretung der wirtschaftlichen Interessen der Arbeiter.

[59] Ketteler: Die Arbeiterbewegung und ihr streben im Verhältnis zu Religion und Sittlichkeit, Mainz 1869, in: Iserloh, Erwin (Hrsg.): Wilhelm Emmanuel Freiherr von Ketteler. Schriften, Aufsätze und Reden 1867-1870 (= Wilhelm Emmanuel Freiherr von Ketteler. Sämtliche Werke und Briefe, Abteilung I, Band 2), Mainz 1978, S. 406-426, hier S. 415.

[60] Ebd., S. 419.

Entwicklung der Menschen eine besondere Rolle zusprach[61], die für eine gesunde körperliche und vor allem geistige Entwicklung des Menschen unabdingbar sei. Dieses zeichnet sich auch in seinen letzten beiden Forderungen nach der Abschaffung der Fabrikarbeit für Mütter sowie junge Mädchen zum Schutz der Familie und Sittlichkeit ab. Dabei sollte die Ausführung der Arbeitergesetzgebung der Staatskontrolle unterliegen. Es ist demnach ersichtlich, dass das es nicht nur einer rein materiellen Aufbesserung der Arbeiter bedurfte, sondern auch soziale Gefüge allgemein musste sich ändern. Das Schaffen Kettelers im Bereich der Sozialen Frage nahm jedoch in den 1870er im Zuge einer stärkeren Einbindung in kirchenpolitische Fragen zunehmend ab. BUDDE bemerkt hier, dass es die Auseinandersetzung mit dem Kulturkampf sowie die Beteiligung am vatikanischen Konzil Ketteler immer weniger Zeit boten, sich mit der *sozialen Frage* zu beschäftigen. Dennoch blieb seine Ansprache auf der Liebfrauenheide nicht ohne Erfolg. Bereit sechs Wochen später waren deren Inhalte Gegenstand auf den Katholikentagen (6. bis 9. September 1869). Dort regte der spätere sozialpolitische Sprecher der Zentrumspartei – Ernst Lieber – die Versammlung an, Kettelers Forderungen zu übernehmen. Schließlich fand mit der Papstenzyklika *Rerum novarum* 1891 der von Ketteler eingeschlagene Weg vollends Bestätigung.[62]

Demzufolge bleibt festzuhalten, dass zwar beispielsweise von Buß wesentlich eher als Ketteler staatliche Arbeiterschutzgesetzgebung forderte, der Erfolg auf Seiten der theoretischen Auseinandersetzung mit der *sozialen Frage* (auf katholischer Seite) dahingegen Ketteler zugeschrieben wird. So fortschrittlich man das Umdenken des Bischofs von der religiös-karitativen Seite zum Verlangen nach staatlichen Eingreifen bei der Lösung der *sozialen Frage* interpretieren mag, bleibt wohl der Makel bestehen, dass im selbigen Kreis nur zur falschen Zeit schon andere auf die Ideen gekommen waren.

---

[61] Petersen stellt dabei heraus, dass die Familie als grundlegende soziale Einheit für Ketteler die Grundlage des Staates an sich sei. Dabei beruft er sich auf die Aussage Kettelers im Mainzer Journal 1867: „Auf der Familie ruht der Staat." Vgl. Petersen, Karsten: „Ich höre den Ruf nach Freiheit". Wilhelm Emmanuel von Ketteler und die Freiheitsforderungen seiner Zeit. Eine Studie zum Verhältnis von konservativem Katholizismus und Moderne (= Veröffentlichungen der Kommission für Zeitgeschichte, Reihe B: Forschung, Band 105), Paderborn 2005, S. 73-82.

[62] Vgl. Budde, 1961, S. 71; Sellier, 1998, S. 46 und Brakelmann, 1962, S. 94.

Schlussbetrachtung

Sowohl die sozialtheoretischen, als auch die sozialpraktischen Grundideen Adolph Kolpings und Wilhelm Emanuel von Kettelers zur Bearbeitung, Linderung sowie zur Lösung der *sozialen Frage,* haben ihren Ursprung der Herausbildung und Fortentwicklung nicht allein bei diesen beiden, noch heute bekannten Persönlichkeiten des 19. Jahrhunderts. Vielmehr entstammen einige Grundzüge, welche zum Erfolg der Ansätze einen erheblichen Teil beitrugen von anderen Personen aus dem katholische-geprägtem Umfeld der beiden, hier behandelten Männer. Dennoch ist deren Position innerhalb der katholisch-sozialen Bewegung durchaus hervorzuheben, insofern beide Personen sowie deren Ansätze im Spiegel der, in der vorliegenden Arbeit dargestellten Zusammenhänge betrachtet werden. Festzustellen ist, dass Kolping und Ketteler zunächst die Lösung der sozialen Frage alleinig in der Hand der katholischen Kirche sahen. Während Kolping jedoch stets die religiös-sittliche Seite des Menschen erneuert wissen wollte, versuchte Ketteler den selbigen Weg jedoch mit zusätzlichen karitativen Einrichtungen zu beschreiten. Ein weiterer Unterschied zwischen ihnen bestand in der Gruppe der Bevölkerungsschicht, welcher sie sich zuwandten. Kolping ging es vor allem um die Handwerker und insbesondere um die Handwerksgesellen, deren Lage sich aufgrund der Umgestaltung von der Agrar- zur Industriegesellschaft dramatisch verschlechterte. Ketteler bediente in der Anfangsphase – in der Mitte des 19. Jahrhunderts – in seiner Diözese mit seinen karitativen Einrichtungen noch einen breiteren Teil der Bevölkerungsschichten. Zunehmend befasste er sich jedoch mit den Problemen der Fabrikarbeiter, bei denen er zum Schluss staatlich-gesetzliches Eingreifen für unausweichlich hielt.

Bei der Frage, ob der Ruhm, den Kolping im Zusammenhang mit dem Gesellenverein und der Lösung der *sozialen Frage* bis heute genießt, gerechtfertigt ist, ergibt sich ein ambivalentes Bild. Kolping schaffte es, aus dem von Breuer 1846 gegründeten katholischen Gesellenverein einen Verband zu organisieren der noch zu seinen Lebzeiten über die Grenzen des Deutschen Bundes hinaus ragte und bis heute an Bedeutung nicht verloren hat. Trotz der Tatsache, dass bereits Ende des 19. Jahrhunderts Breuer als wahrer Gründer erwiesen wurde, benannte man den Gesellenverein dennoch 1935 in *Kolpingwerk* um. Dabei bleibt fraglich, ob Kolping ohne den von Breuer gelegten Grundstein aus eigener Initiative heraus einen solchen Verein ins Leben gerufen hätte. Nicht zuletzt erscheint das Fehlen eines Vermerkes zum wahren Gründer auf der Website des Kolpingwerkes fraglich. Es erweckt den Anschein, dass besonders dieses Kapitel in der Geschichte Kolpings keine Erwähnung finden soll, da der Name des *Kolpingwerkes* schon zu bei seiner Benennung 1935 die Arbeit Breuers unterschlug und aus heutige Sicht nicht in Gänze Rechtfertigung findet. Auch wenn

Kolping für den nationalen wie auch internationalen Erfolg verantwortlich war, so würde dem Gründer eine ebenbürtige Ehrung gebühren. Neben der Bekanntmachung des Katholischen Gesellenvereins ist jedoch die Errichtung eines flächenübergreifenden, sozialen Absicherungssystems, welches Kolping für die Gesellen etablierte, der eigentliche Fakt der ihm Anerkennung zollt. Dabei nahm er die allumfassende Sozialgesetzgebung des Staates vorweg. Leider findet dieser Punkt in der Literatur weniger Beachtung. Dabei sieht man seine Wertschätzung jedoch eher als Gründer des Gesellenvereins, was sich jedoch nicht mehr zweifelsohne behaupten lässt.

Während Kolping den praktischen Weg bei der Lösung der *sozialen Frage* bestritten hatte, war es Ketteler, der zum größten Teil die theoretische Auseinandersetzung mit der selbigen suchte. In dieser Zeit rückte er zunehmend von der anfänglich geforderten sittlich-religiösen Erneuerung und dem damit verbunden Alleinstellungsmerkmal der katholischen Kirche bei der Lösung der sozialen Frage ab. Im Gegenzug forderte er immer mehr und deutlicher staatliche Schutzmaßnahmen für die Arbeiter, wobei er stets die Eigenverantwortung der Arbeiter betonte, damit diese nicht zum Almosenempfänger des Staates verkommen würden. Doch auch wenn seine Forderungen fruchtbaren Boden fanden und schließlich mit der Papstenzyklika *Rerum novarum* als richtig eingeschlagenen Weg bestätigt wurden, so ist die ihn zuteil gewordene Anerkennung wohl auch einem Teil der Zufälligkeit gewidmet, dass er zur richtigen Zeit sich um jenes Thema bemühte. Die selbige Idee bestand jedoch schon drei Jahrzehnte eher mit den von Buß´ 1837 geforderten, staatlichen Schutzmaßnahmen für die Arbeiter.

Quellen- und Literaturverzeichnis

Primärquellen

Copelovici, Rosa/u.a. (Hrsg.): Soziale Frage und Gesellenverein, Teil I: 1846-1852, (= Adolph-Kolping-Schriften. Kölner Ausgabe, Band 3), Köln 1985.

Copelovici, Rosa/u.a. (Hrsg.): Soziale Frage und Gesellenverein, Teil II: 1852-1858, (= Adolph-Kolping-Schriften. Kölner Ausgabe, Band 4), Köln 1986.

Grenner, Karl Heinz (Hrsg.): Katholizismus und wirtschaftlicher Liberalismus in Deutschland im 19. und 20. Jahrhundert (= Quellentexte zur Geschichte des Katholizismus, Band 12), Paderborn 1998.

Iserloh, Erwin (Hrsg.): Wilhelm Emmanuel Freiherr von Ketteler. Schriften, Aufsätze und Reden 1848-1866 (= Wilhelm Emmanuel Freiherr von Ketteler. Sämtliche Werke und Briefe, Abteilung I, Band 1), Mainz 1977.

Iserloh, Erwin (Hrsg.): Wilhelm Emmanuel Freiherr von Ketteler. Schriften, Aufsätze und Reden 1867-1870 (= Wilhelm Emmanuel Freiherr von Ketteler. Sämtliche Werke und Briefe, Abteilung I, Band 2), Mainz 1978.

Kolping, Adolph: Katholischer Gesellenverein. Gott segne das Ehrbare Handwerk. Offene Antwort auf eine Privatanfrage über den katholischen Gesellenverein. I. Brief, in: Rheinische Volksblätter für Haus, Familie und Handwerk 5 (1858) S. 764-768
(http://www.ub.uni-koeln.de/cdm4/document.php?CISOROOT=/__ZTG13&CISOPTR=2150&REC=1, Zugriff am: 09.03.2011).

Kolping, Adolph: Weihnachten 1859, in: Rheinische Volksblätter für Haus, Familie und Handwerk 6 (1859), S. 818-822 (http://www.ub.uni-koeln.de/cdm4/document.php?CISOROOT=/__ZTG13&CISOPTR=10050&REC=12, Zugriff am: 09.03.2011).

Kolping, Adolph: Gott segne das Ehrbare Handwerk, in: Rheinische Volksblätter für Haus, Familie und Handwerk 7 (1860) S. 795-798,
(http://www.ub.uni-koeln.de/cdm4/document.php?CISOROOT=/__ZTG13&CISOPTR=1309&REC=17, Zugriff am: 09.03.2011).

Kolping, Adolph: Deutsche Briefe III, in: Rheinische Volksblätter für Haus, Familie und Handwerk 8 (1861) S. 113-122, (http://www.ub.uni-koeln.de/cdm4/document.php?CISOROOT=/__ZTG13&CISOPTR=6745&REC=18, Zugriff am: 10.03.2011).

Kolping, Adolph: Lichtblicke in die Zeit. Zum Neujahr 1863, in: Rheinische Volksblätter für Haus, Familie und Handwerk 10 (1863) S. 1-6,
http://www.ub.uni-koeln.de/cdm4/document.php?CISOROOT=/__ZTG13&CISOPTR=8382&REC=1, Zugriff am: 12.03.2011).

Sekundärquellen

Bracher, Karl Dietrich: Das Janusgesicht der modernen Revolutionen, in Heideking, Jürgen (Hrsg.): Wege in die Zeitgeschichte: Festschrift zum 65. Geburtstag von Gerhard Schulz, Berlin 1989, S. 210-227.

Budde, Heinz: Christentum und soziale Bewegung (= Der Christ in der Welt, Band 5), Aschaffenburg 1961.

Brakelmann, Günter: Die soziale Frage des 19. Jahrhunderts. Teil II: Die evangelische und die katholisch-soziale Bewegung, Witten 1962.

Euchner, Walter: Ideengeschichte des Sozialismus in Deutschland. Teil I, in: Grebing, Helga (Hrsg.): Geschichte der sozialen Ideen in Deutschland. Sozialismus Katholische Soziallehre Protestantische Sozialethik, Essen 2000, S. 15-354.

Festing, Heinrich: Adolph Kolping und sein Werk. Ein Überblick über Leben und Wirken des großen Sozialreformers sowie über die Entwicklung seines Werkes bis heute, Freiburg im Breisgau, 1981.

Hanke, Michael: Sozialer Wandel durch Veränderung des Menschen. Leben, Wirken und Werk des Sozialpädagogen Adolph Kolping, Mülheim 1974.

Hanke, Michael: Geschichte des Kolpingwerkes in Deutschland 1846-1871 (= Mitten in der Bewegung der Zeit, Band 1), Köln 2000.

Heidenreich, Bernd (Hrsg.): Politische Theorien. Konservatismus, Liberalismus, Sozialismus, Wiesbaden 1999/2000.

Kieseritzky, Wolther von: Liberalismus und Sozialstaat. Liberale Politik in Deutschland zwischen Machtstaat und Arbeiterbewegung (1878-1893), Köln 2002.

Kracht, Hans-Joachim: Adolph Kolping. Priester, Pädagoge, Publizist im Dienst christlicher Sozialreform, Freiburg im Breisgau 1993

Lüttgen, Franz: Johann Gregor Breuer und Adolph Kolping. Studien zur Frühgeschichte des katholischen Gesellenvereins, Paderborn 1997.

Meinhold, Peter: Wichern und Ketteler. Evangelische und Katholische Prinzipien Kirchlichen Sozialhandelns, Wiesbaden 1978

Petersen, Karsten: „Ich höre den Ruf nach Freiheit". Wilhelm Emmanuel von Ketteler und die Freiheitsforderungen seiner Zeit. Eine Studie zum Verhältnis von konservativem Katholizismus und Moderne (= Veröffentlichungen der Kommission für Zeitgeschichte, Reihe B: Forschung, Band 105), Paderborn 2005.

Ritter, Gerhard A.: Soziale Frage und Sozialpolitik in Deutschland seit Beginn des 19. Jahrhunderts, Opladen 1998.

Sellier, Ulrich: Die Arbeiterschutzgesetzgebung im 19. Jahrhundert. Das Ringen zwischen christlich-sozialer Ursprungsidee, politischen Widerständen und kaiserlicher Gesetzgebung, Paderborn 1998.

Stegmann, Josef/ Langhorst, Peter: Geschichte der sozialen Ideen im deutschen Katholizismus, in: Grebing, Helga (Hrsg.): Geschichte der sozialen Ideen in Deutschland. Sozialismus Katholische Soziallehre Protestantische Sozialethik, Essen 2000, S. 599-866.

Steinke, Paul: Leitbild für die Kirche: Adolph Kolping. Sendung und Zeugnis seines Werkes heute, Paderborn 1992.

Wendt, Wolf Reiner: Geschichte der sozialen Arbeit 1. Die Gesellschaft vor der Sozialen Frage, Stuttgart 2008.

Internetquellen

http://www.kolping.de/php/evewa2.php?d=1299669861&menu=050501&g2=1 (Zugriff am: 09.03.2011)